Male für jede Seite, die du bearbeitet hast, einen Stern aus!

Viel Freude!

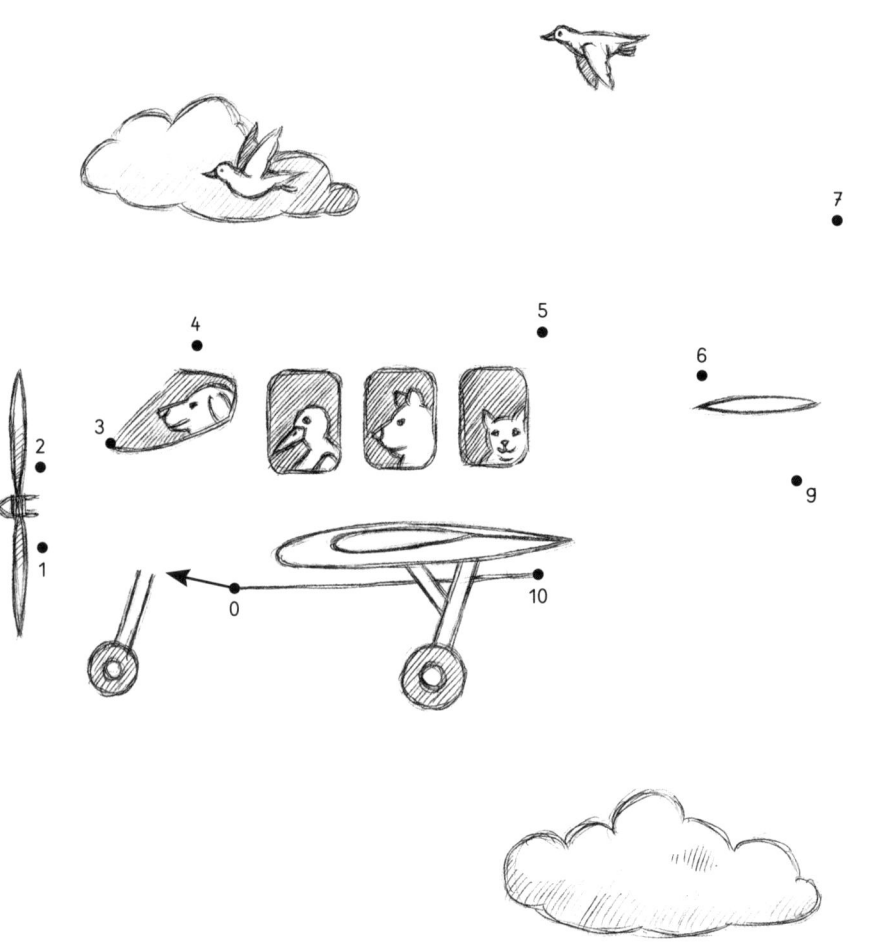

Verbinde!

0
1
10

4 Die Zahlen von 0 – 10

3

4

6

2

0

5

9

7

2

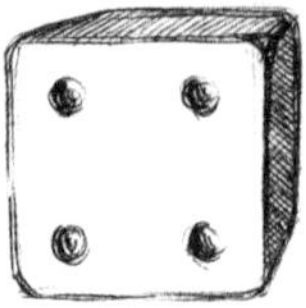

4

6

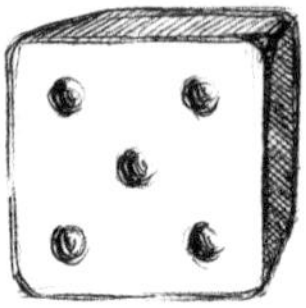

3

1

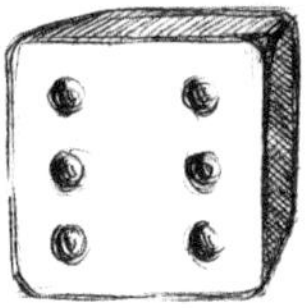

5

Zuordnung

Erst hinaufgeklettert –
dann hinuntergefallen!

Zeichne!

Formen/Muster zeichnen

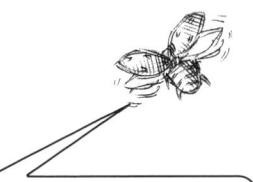

Von oben im Bogen kommt sie gezogen – und dann nach rechts!

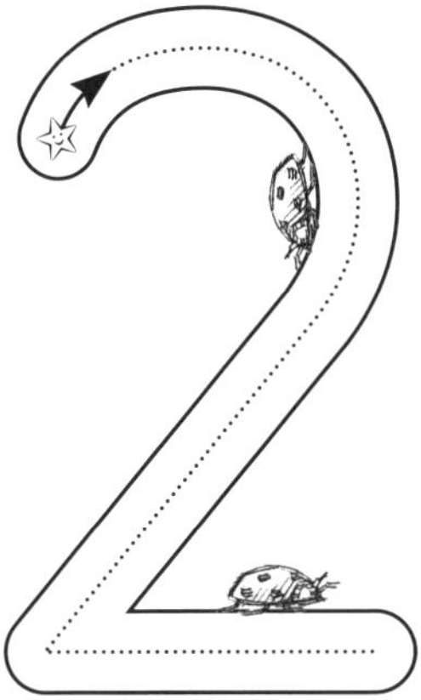

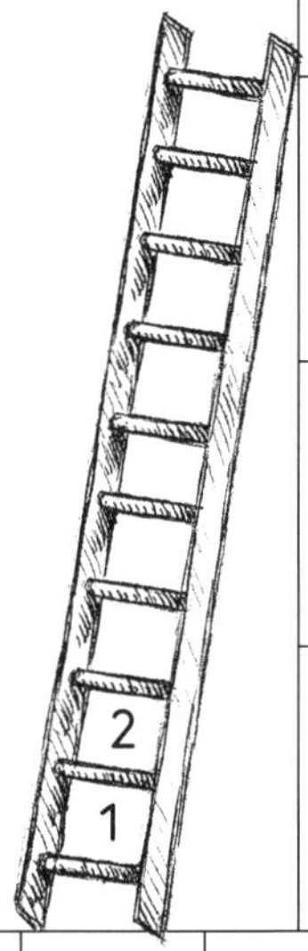

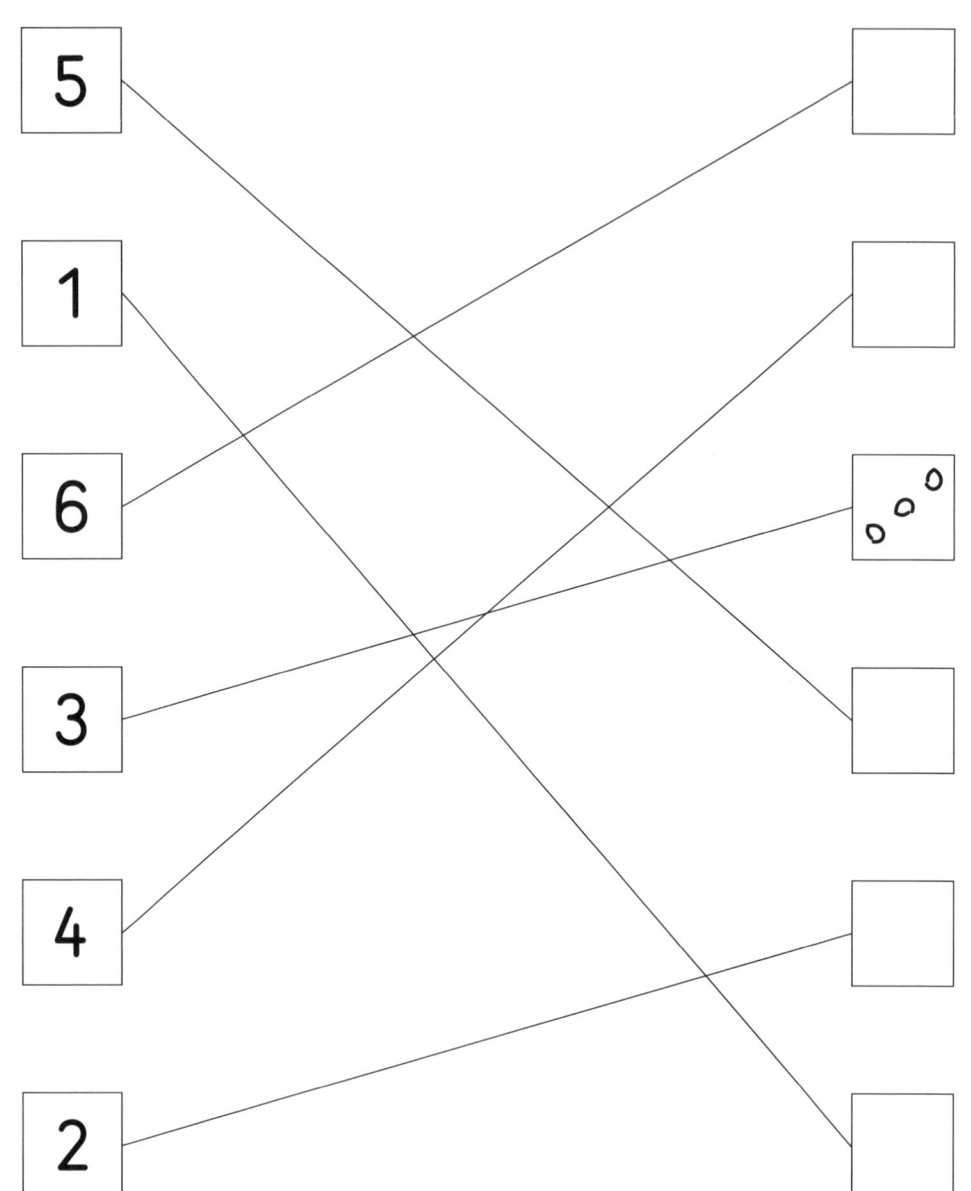

Zuordnung

Zwei Hälften vom Ei,
das wird die Drei!

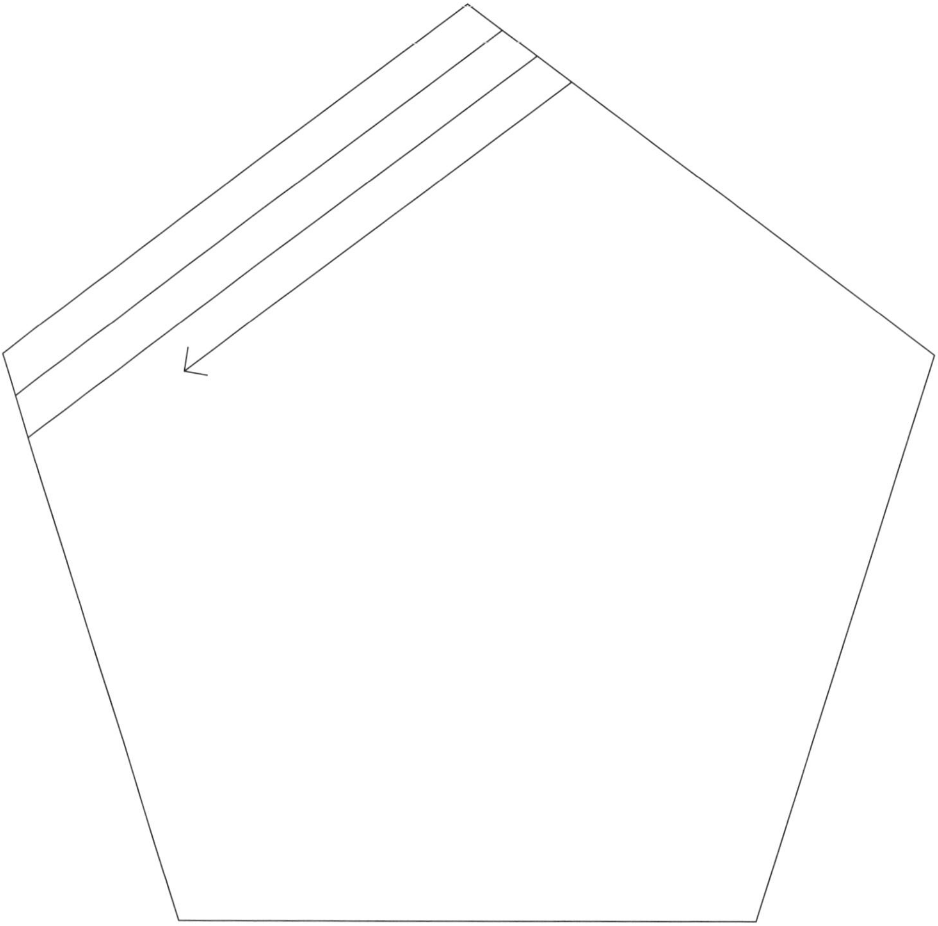

Zeichne weiter ohne Lineal!

Links – Rechts – Runter!

4
3
2
1

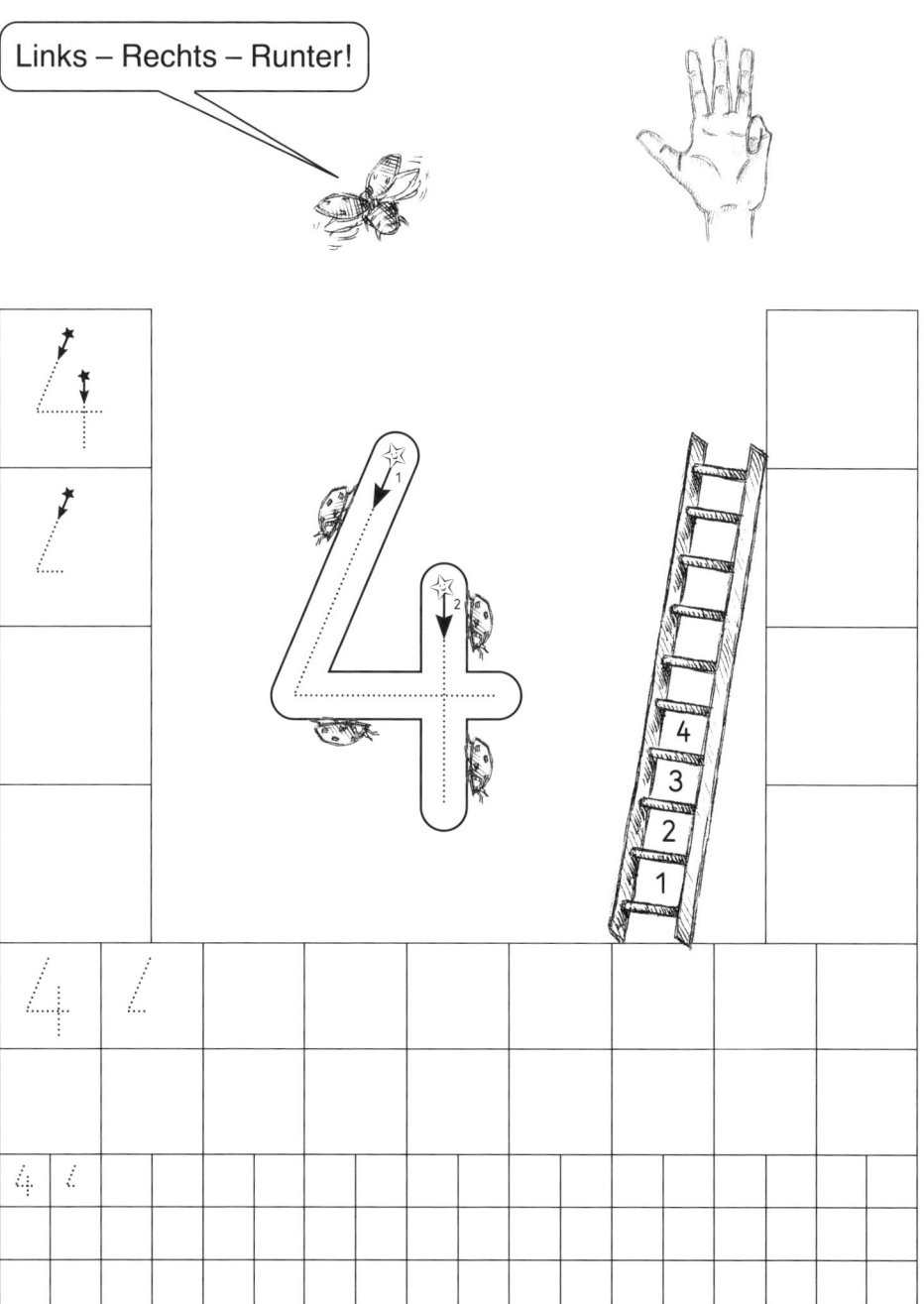

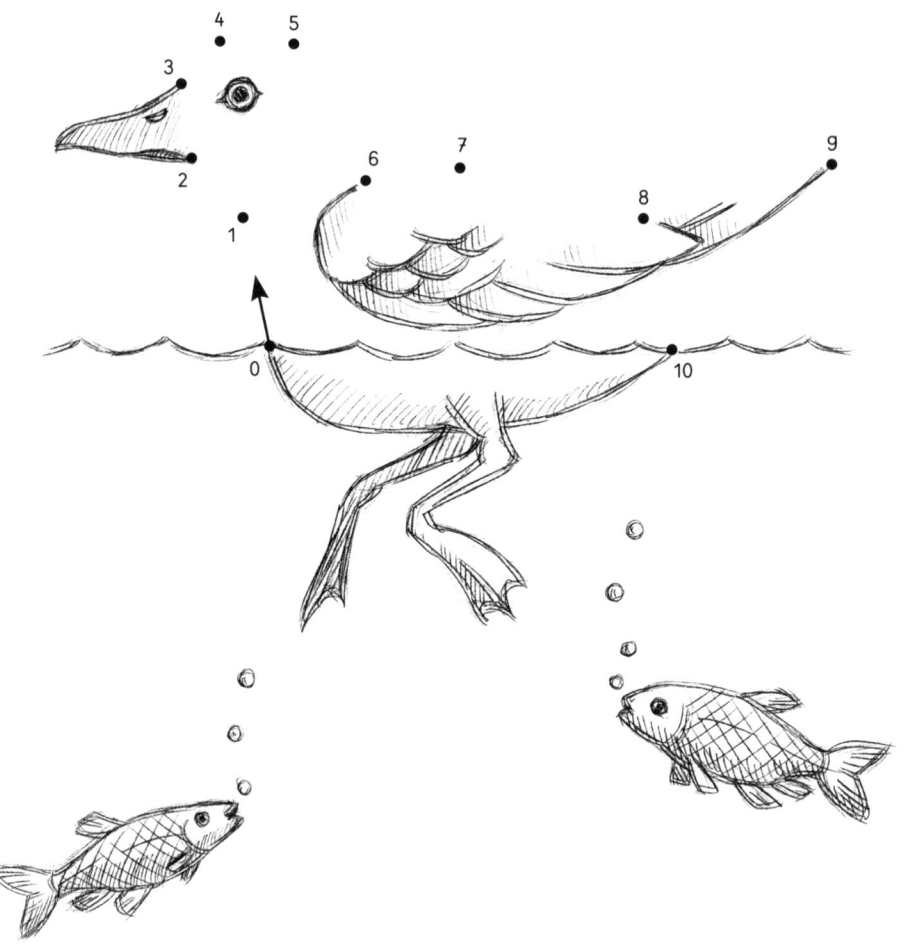

Verbinde!

0
1
10

Die Zahlen von 0 – 10

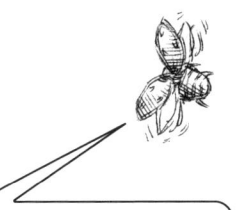

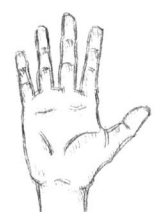

Einen Hals, einen dicken Bauch
und eine Cap oben drauf!

2
5
4
3
2

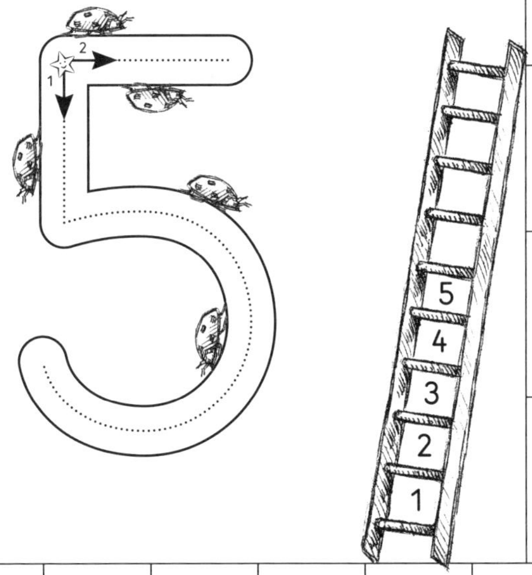

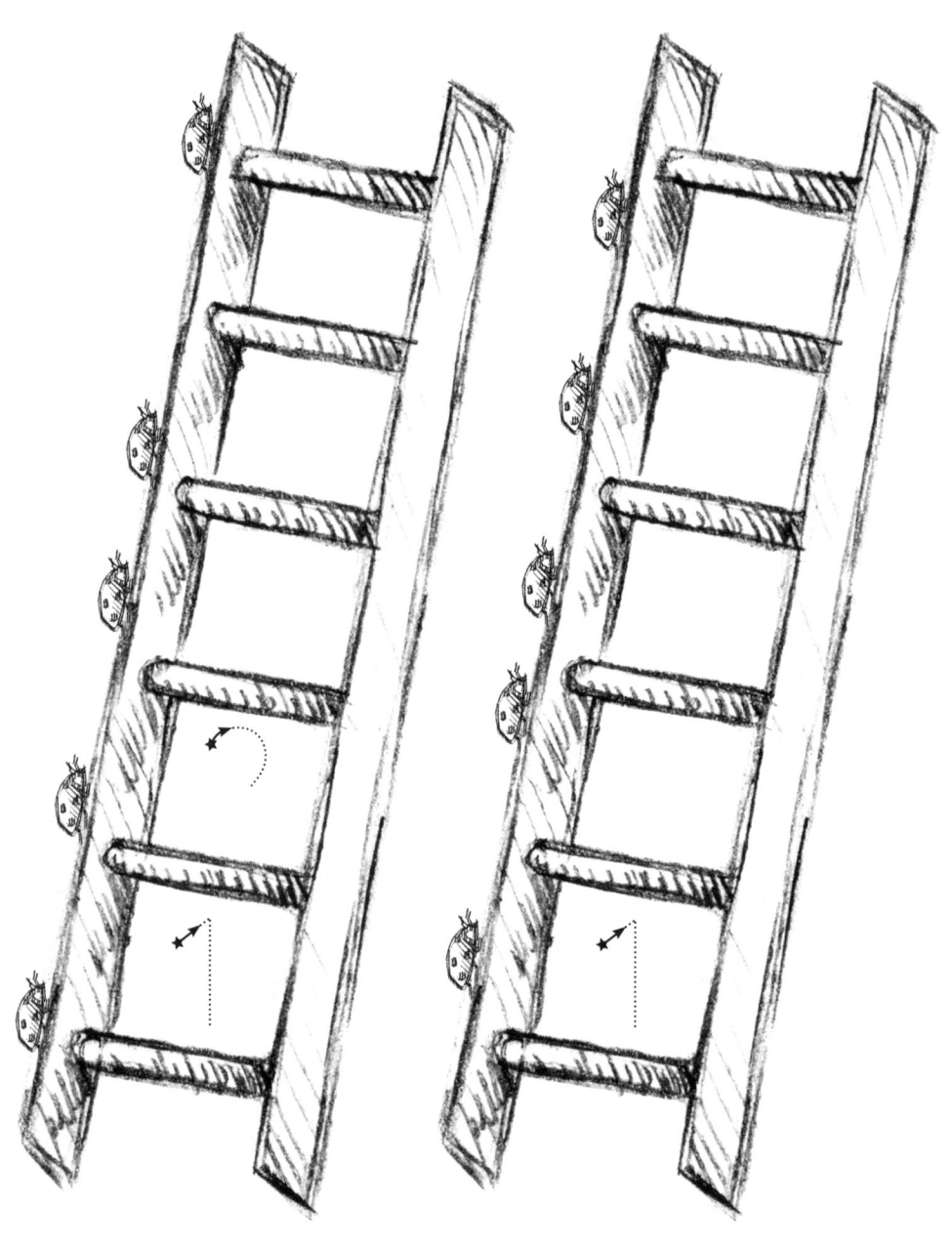

Die Zahlen von 1–5

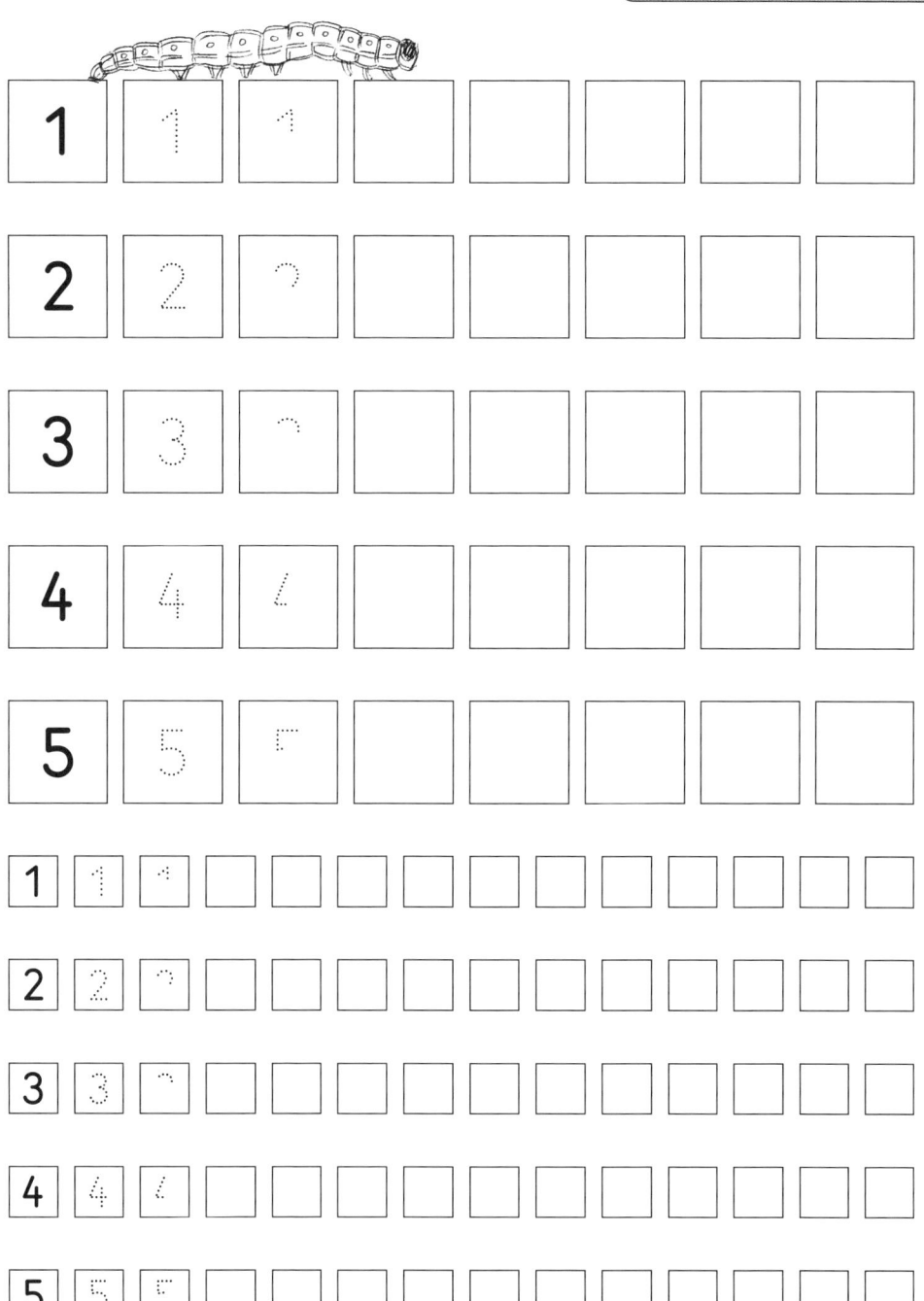

Schreibe!

Hex', hex', hex' und der Faden wird zur Sechs!

Ziffernschreibkurs der 6

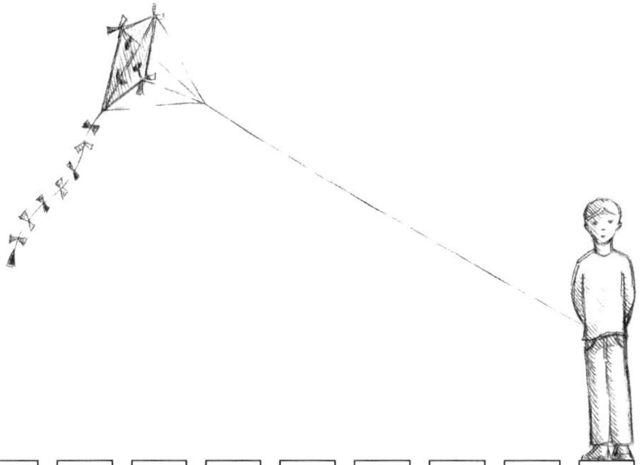

1   1   □ □ □ □ □ □ □ □ □ □ □ □ □

2   2   □ □ □ □ □ □ □ □ □ □ □ □ □

3   3   □ □ □ □ □ □ □ □ □ □ □ □ □

4   4   □ □ □ □ □ □ □ □ □ □ □ □ □

5   5   □ □ □ □ □ □ □ □ □ □ □ □ □

6   6   □ □ □ □ □ □ □ □ □ □ □ □ □

Schreibe!

Nach rechts und schräg runter,
du wirst es lieben,
nun noch ein Strich,
das ist die Sieben!

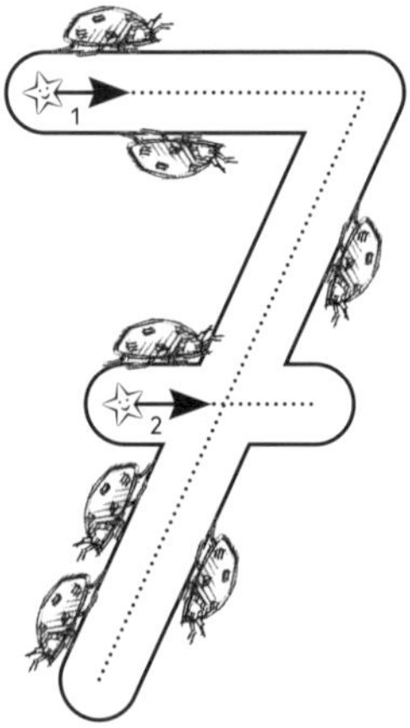

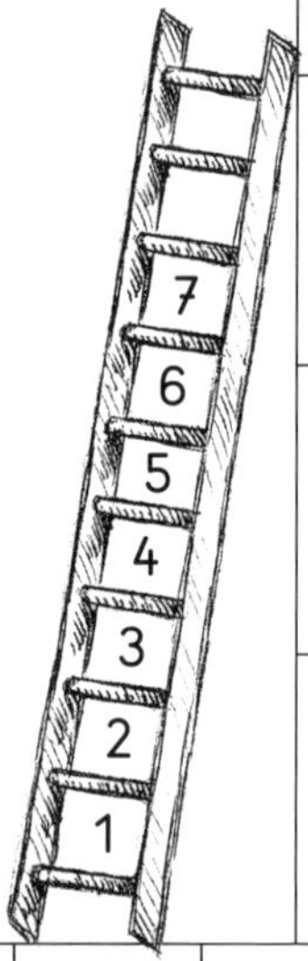

Ziffernschreibkurs der 7

1 | 1 | 1 | | | | | | | | | | |

2 | 2 | 2 | | | | | | | | | |

3 | 3 | 3 | | | | | | | | | | |

4 | 4 | 4 | | | | | | | | | | |

5 | 5 | 5 | | | | | | | | | | |

6 | 6 | 6 | | | | | | | | | | |

7 | 7 | 7 | | | | | | | | | | |

Einen Bogen nach links und einen nach rechts, dann kreuze bitte genau in der Mitte!

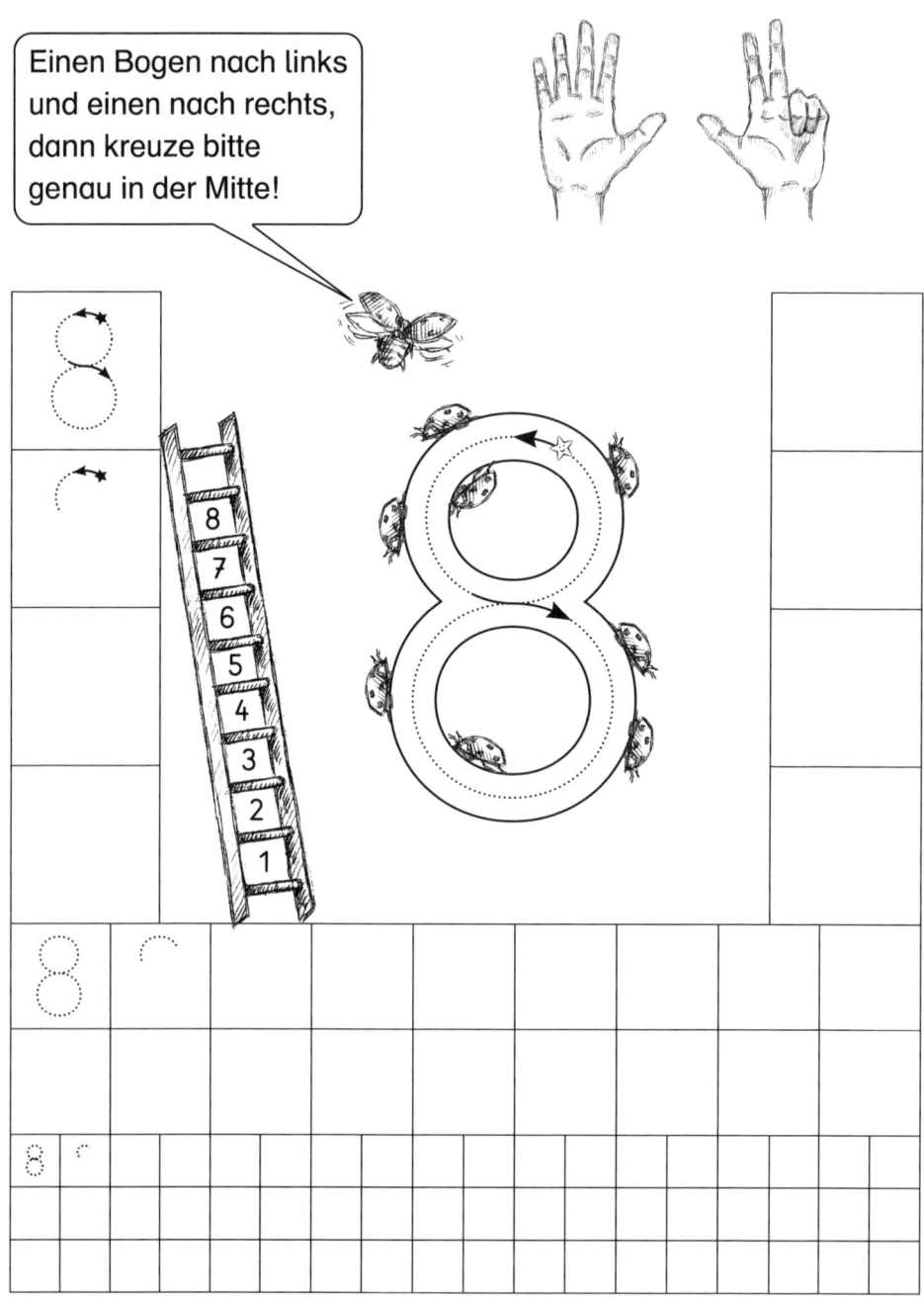

Ziffernschreibkurs der 8 © sternchenverlag GmbH

| 1 | 1 | 1 | | | | | | | | | | | |

| 2 | 2 | 2 | | | | | | | | | | | |

| 3 | 3 | 3 | | | | | | | | | | | |

| 4 | 4 | 4 | | | | | | | | | | | |

| 5 | 5 | 5 | | | | | | | | | | | |

| 6 | 6 | 6 | | | | | | | | | | | |

| 7 | 7 | 7 | | | | | | | | | | | |

| 8 | 8 | 8 | | | | | | | | | | | |

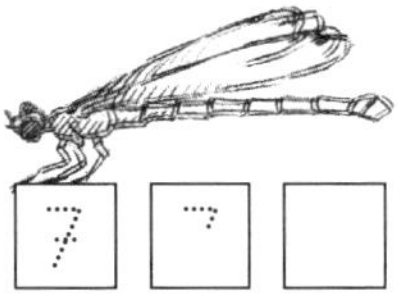

Schreibe!

Oh, wie fein,
die Null mit einem Schaukelbein!

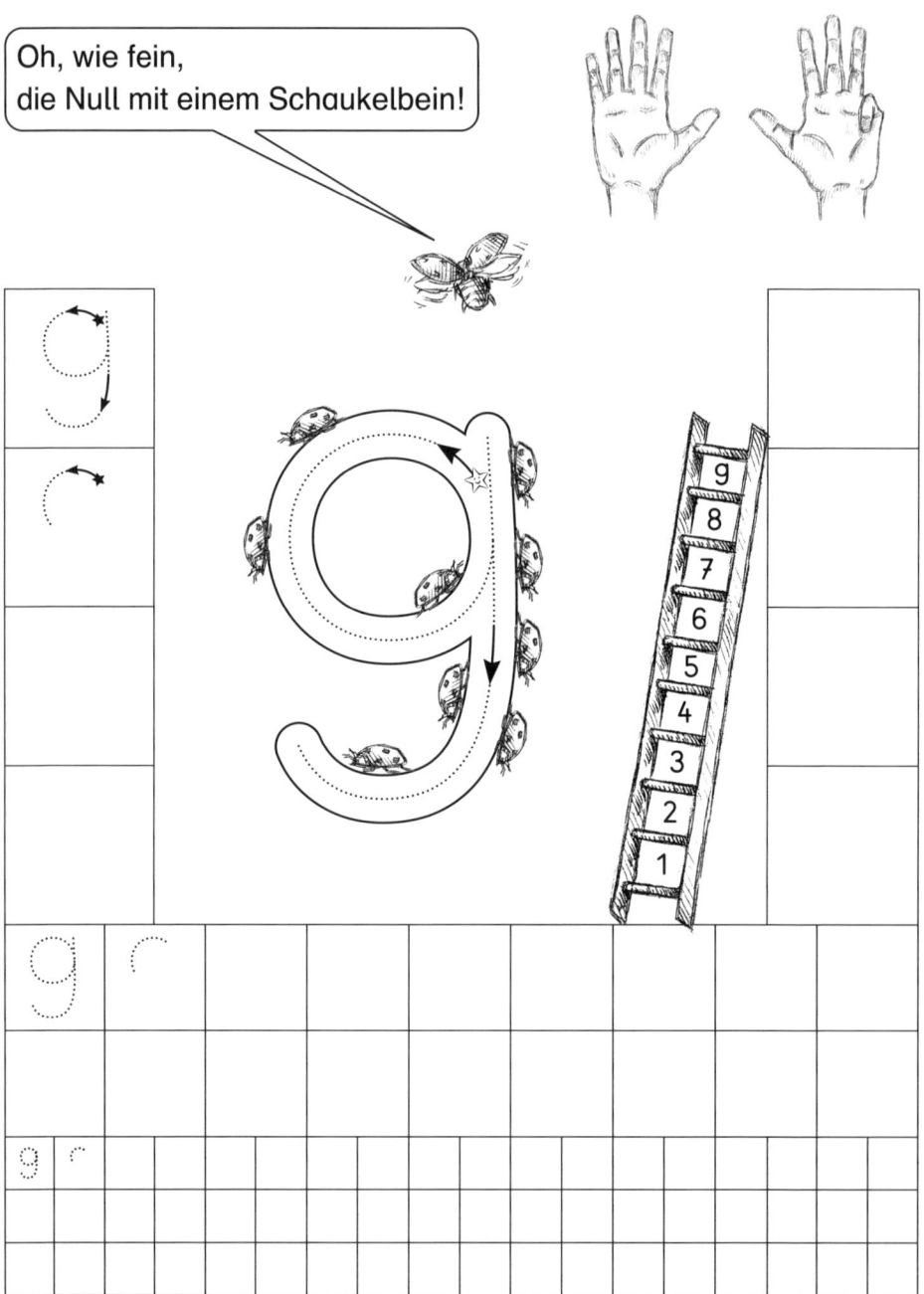

1	1	1											
2	2	2											
3	3	3											
4	4	4											
5	5	5											
6	6	6											
7	7	7											
8	8	8											
9	9	9											

Schreibe!

Die Zehn ist ganz leicht,
die Eins und die Null –
das reicht.

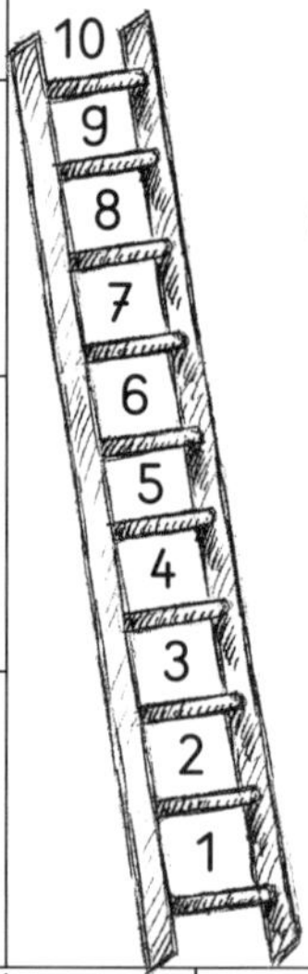

Ziffernschreibkurs der 10

1	1	1											
2	2	2											
3	3	3											
4	4	4											
5	5	5											
6	6	6											
7	7	7											
8	8	8											
9	9	9											
1 0	1 0	1 0								

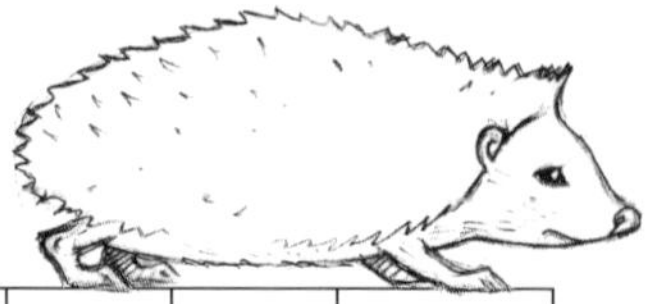

Schreibe!

| 0 | | 2 | 3 | | 5 | | 7 | 8 | | 1 0 |

| | 1 | 2 | | | 5 | 6 | 7 | | | 1 0 |

| 0 | | | | 4 | | 6 | 7 | | 9 | |

| | | 2 | | | 5 | 6 | | | | 1 0 |

Zahlenstrahl © sternchenverlag GmbH

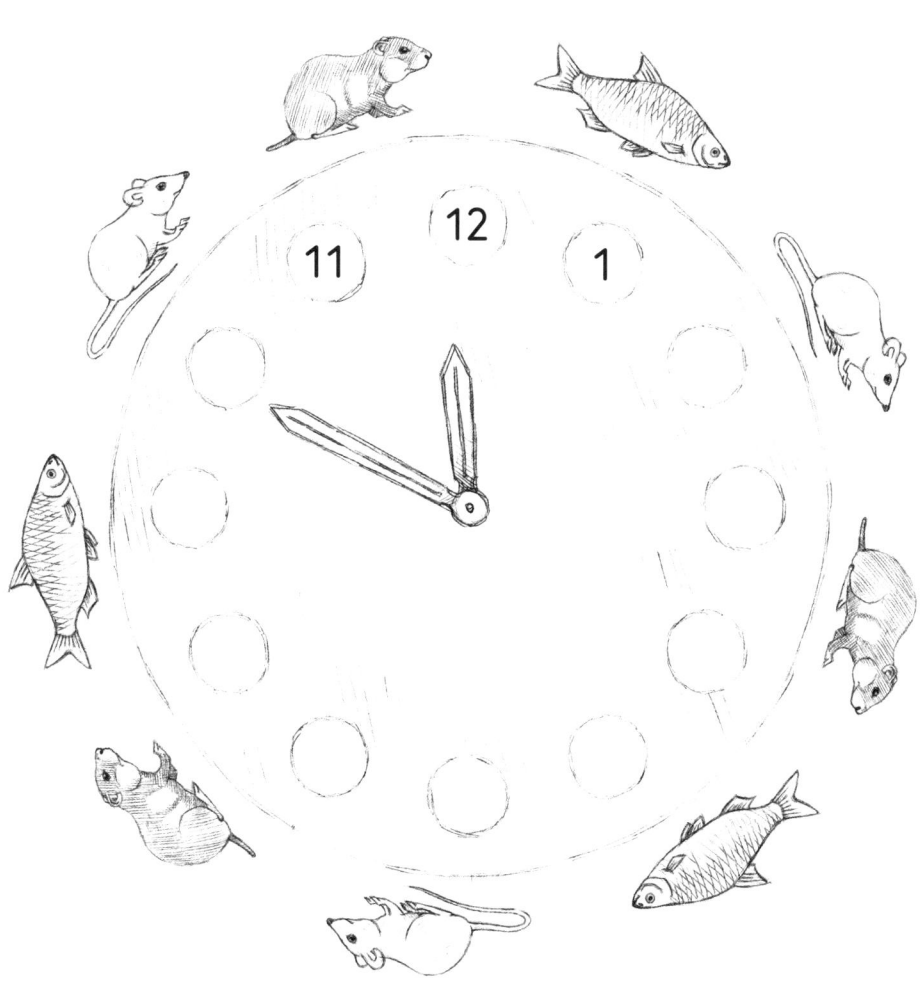

Zahlen in der Umwelt

Schreibe!

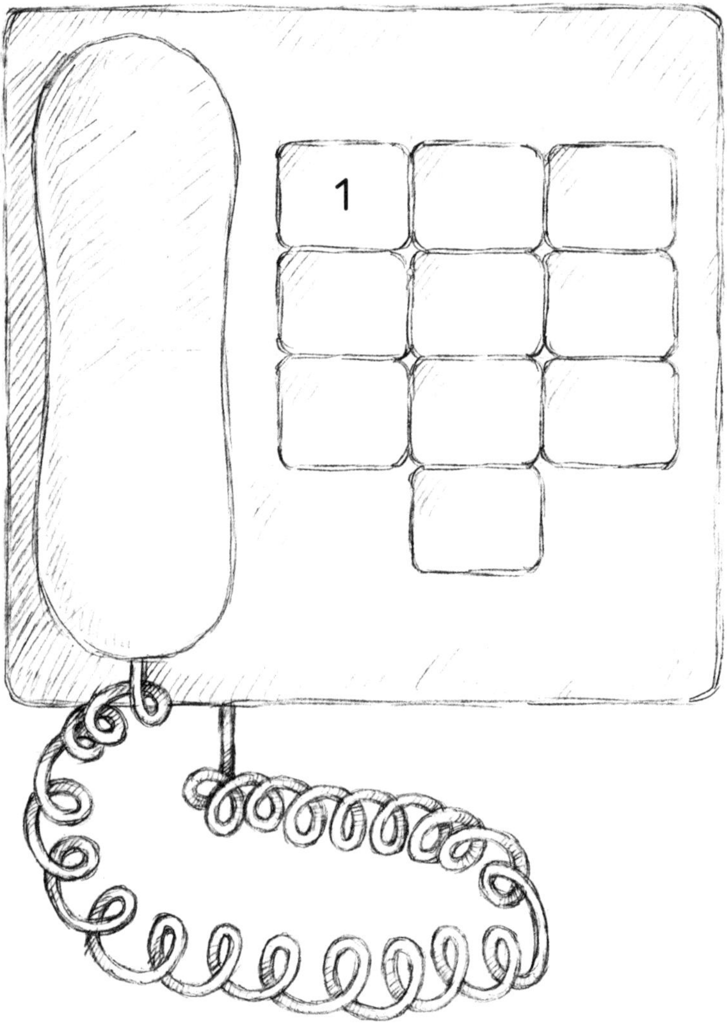

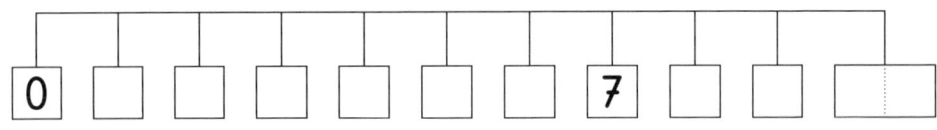

2

1 | 1

2 | 2

1 | 2

3 | 2

1 | 3

4 | 3

4 | 5

6 | 2

1 | 7

8 | 1

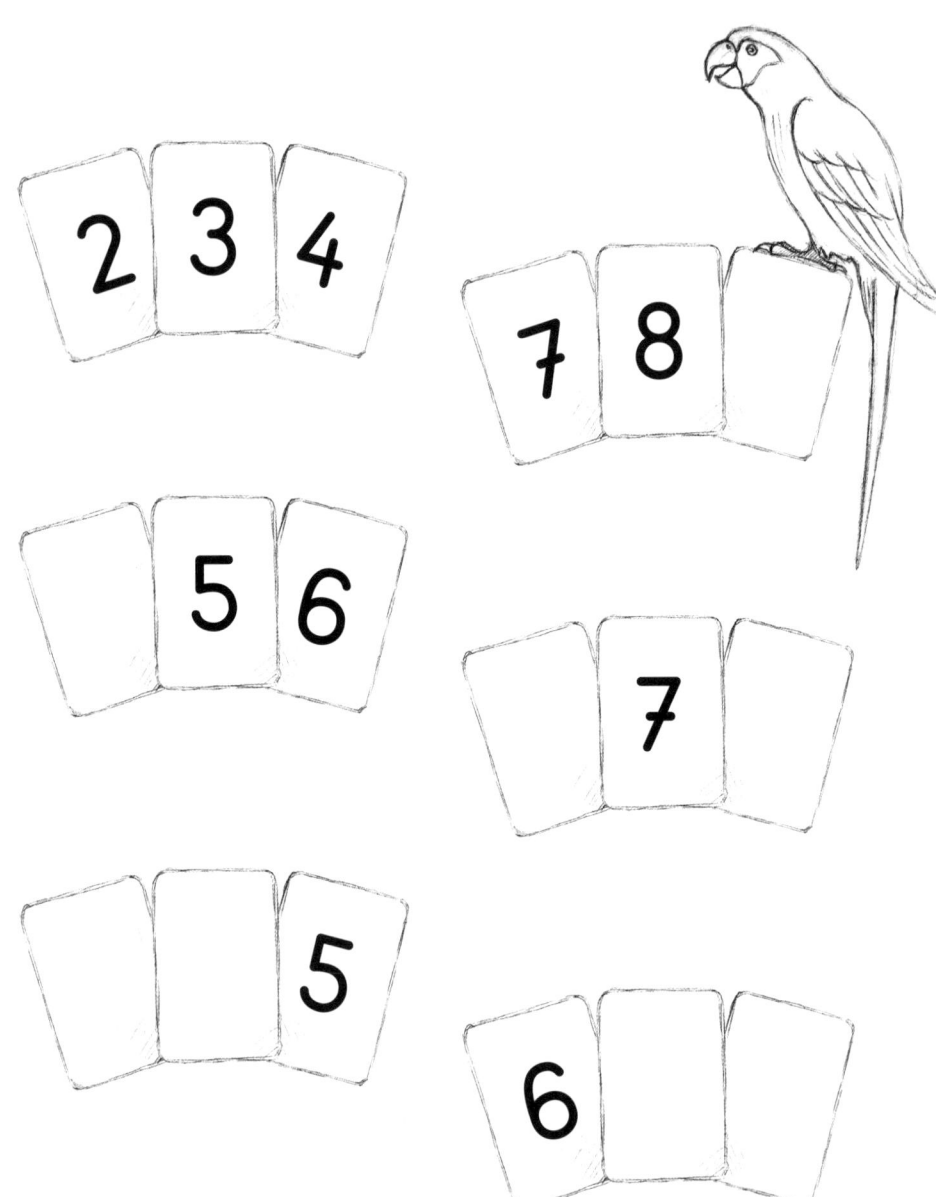

Schreibe!

2 3 4

7 8 _

_ 5 6

_ 7 _

_ _ 5

6 _ _

2 | 3 | 4

6 | 7 |

| 6 |

| | 9

| 4 |

| 5 |

0 | |

| | 7

6 | |

| | 10

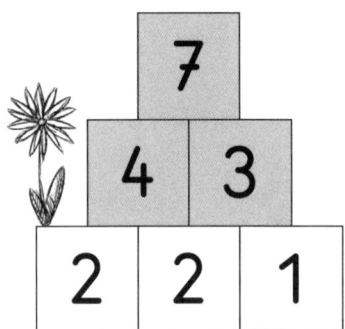

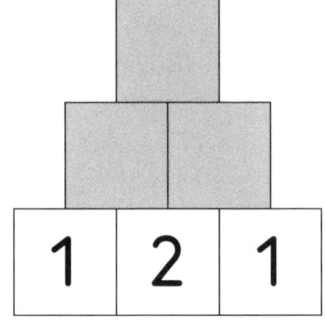

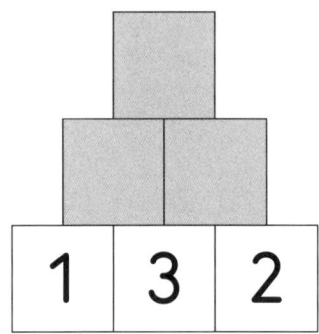

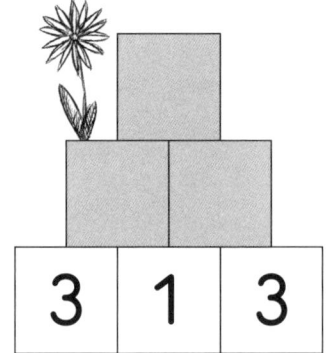

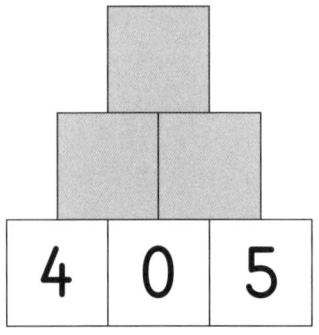

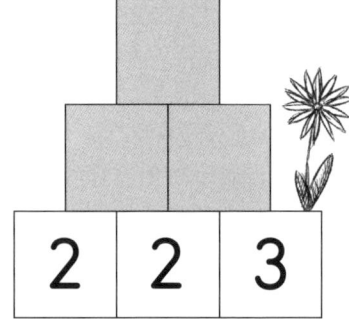

	7	
4		3
2	2	1

1	2	1

1	3	2

3	1	3

4	0	5

2	2	3

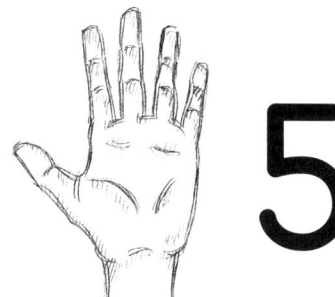

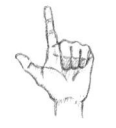

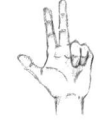

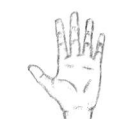

5

2 + 3 = 5

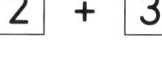

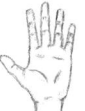

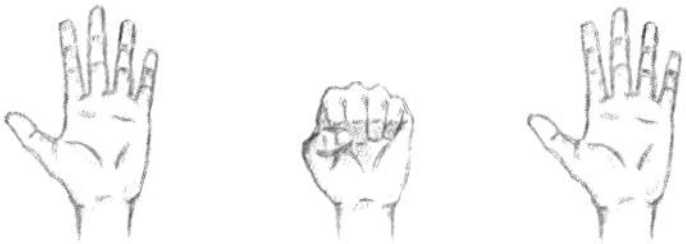

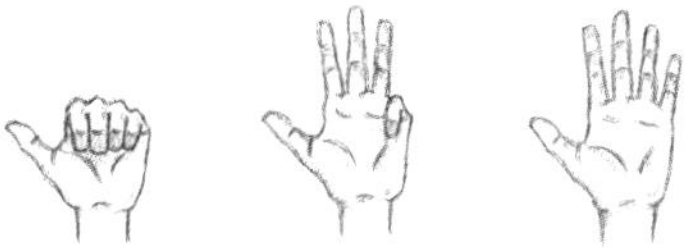

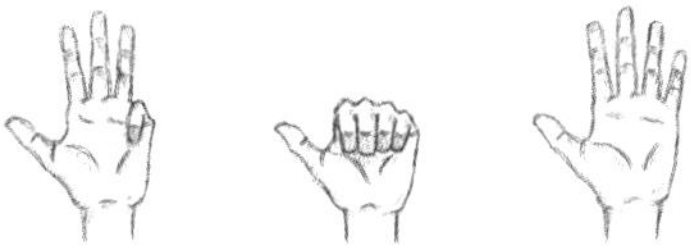

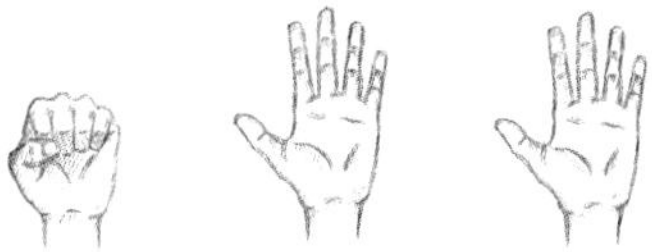

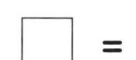

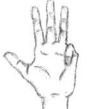

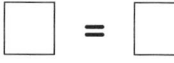

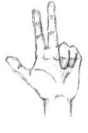

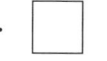

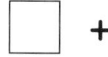

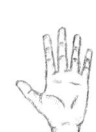

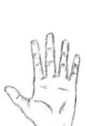

□ + □ = □

□ + □ = □

□ + □ = □

□ + □ = □

□ + □ = □

Male dazu!

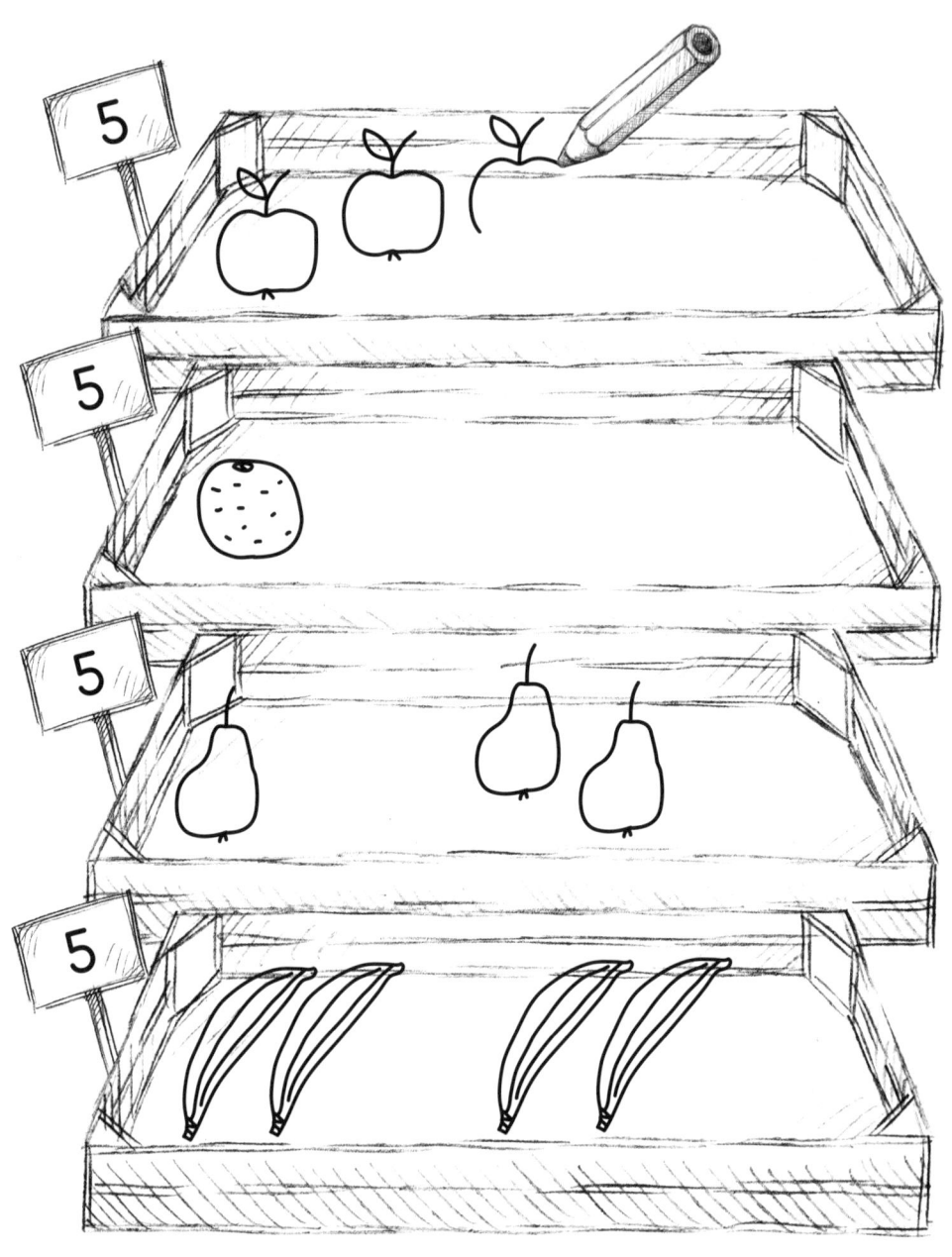

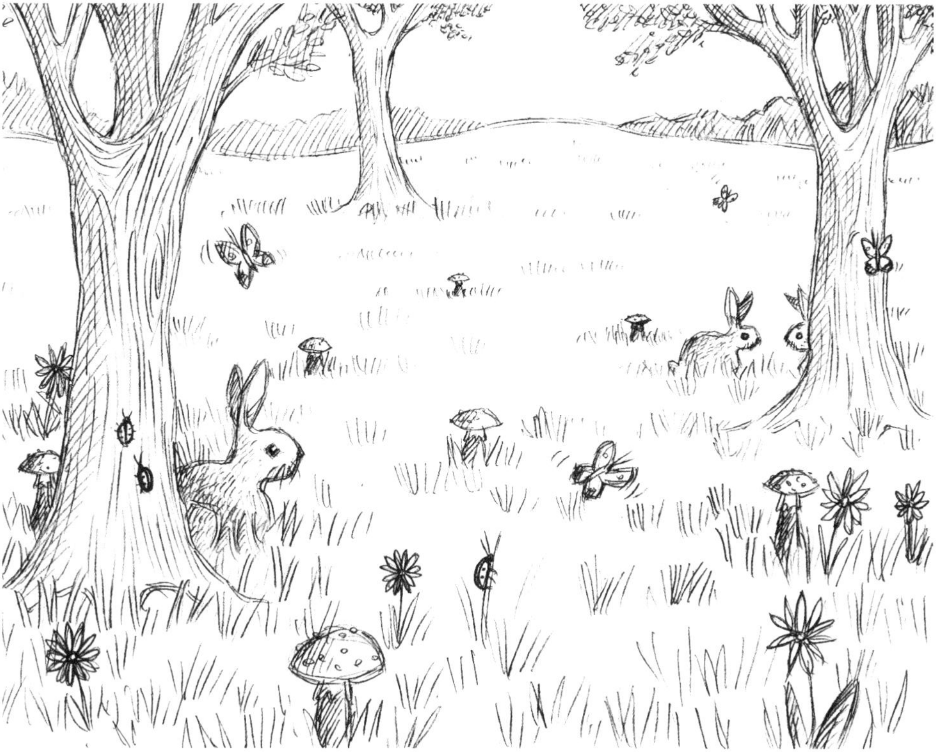

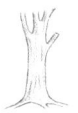

Zähle und schreibe!

3

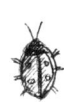

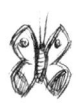

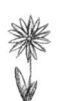

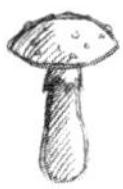

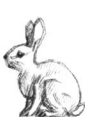

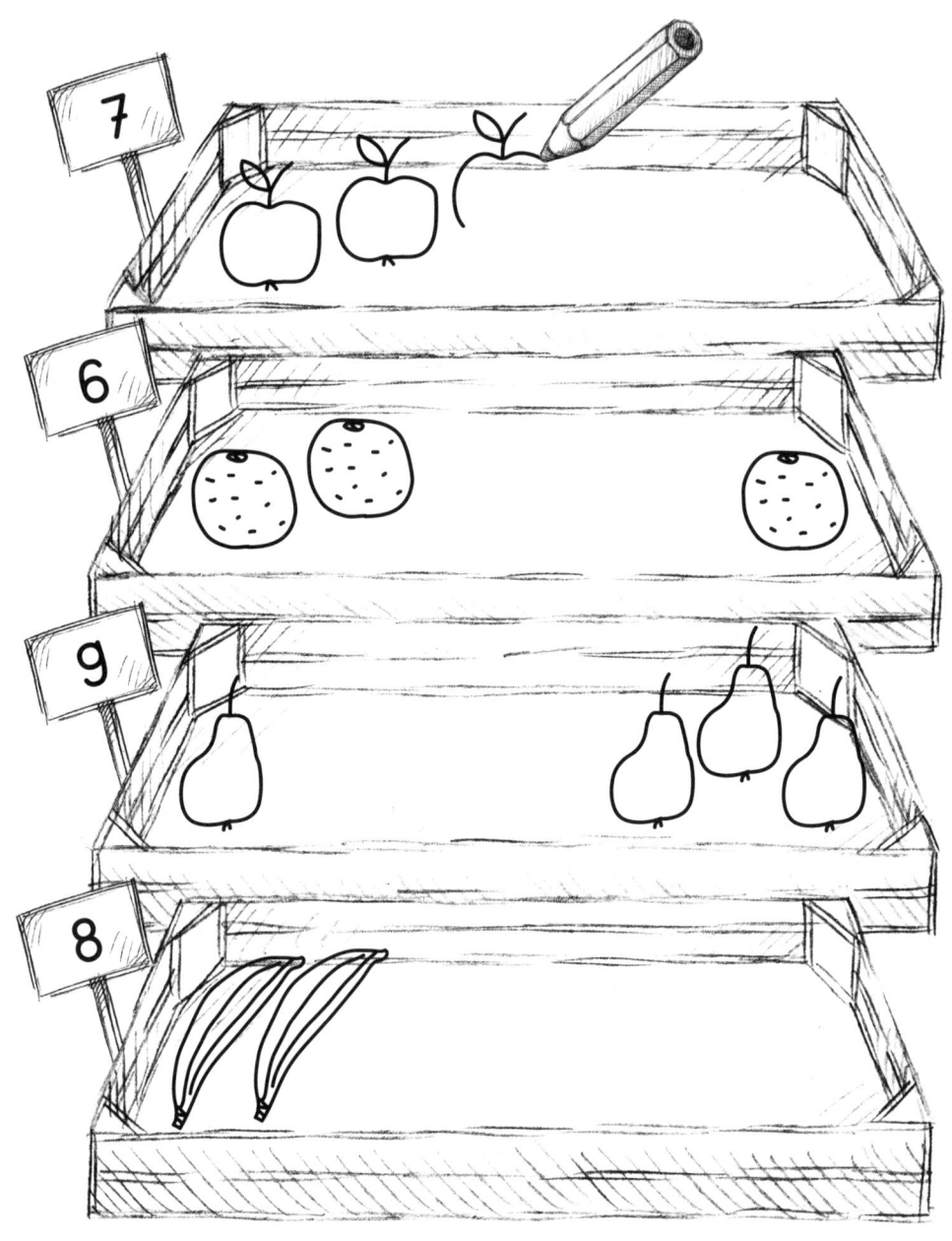

Ergänzungsaufgaben · Bildliche Darstellung

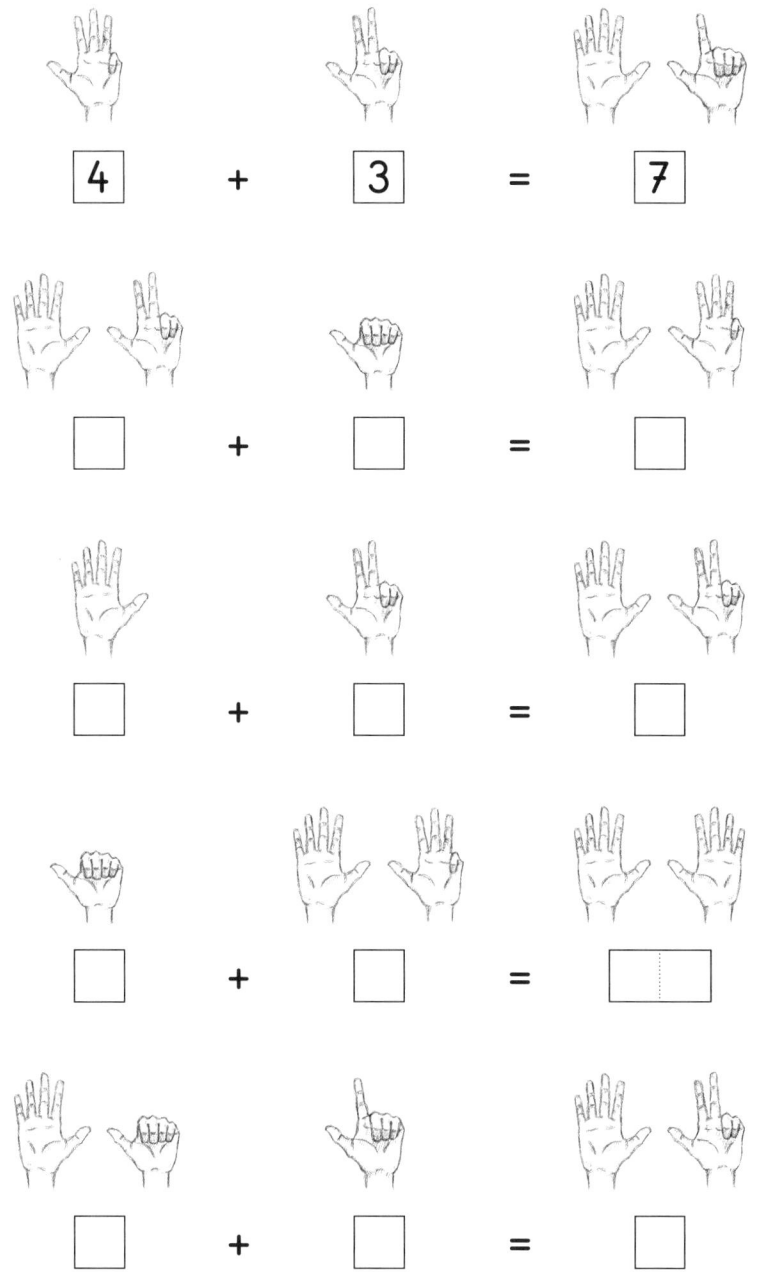

4 + 3 = 7

☐ + ☐ = ☐

☐ + ☐ = ☐

☐ + ☐ = ☐

☐ + ☐ = ☐

Rechne!

4	+	3	=	7
2	+	3	=	
1	+	0	=	
2	+	8	=	
9	+	1	=	
5	+	3	=	
2	+	2	=	
10	+	0	=	
2	+	7	=	
6	+	3	=	
7	+	1	=	
4	+	6	=	

5	+	5	=	
2	+	4	=	
5	+	2	=	
1	+	6	=	
4	+	4	=	
0	+	8	=	
8	+	1	=	
7	+	3	=	
5	+	4	=	
1	+	2	=	
2	+	6	=	
3	+	3	=	

10 Eier

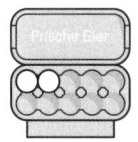

2 + ☐ = 10

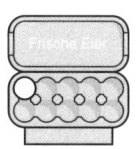

1 + ☐ = 10

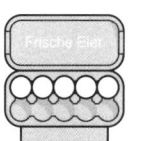

5 + ☐ = 10

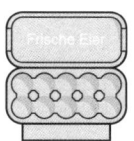

0 + ☐ = 10

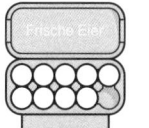

9 + ☐ = 10

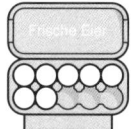

7 + ☐ = 10

6 + ☐ = 10

8 + ☐ = 10

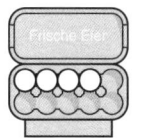

4 + ☐ = 10

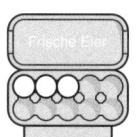

3 + ☐ = 10

10	**10**	**10**
1 +	7 +	+ 6
7 +	+ 9	10 +
3 +	2 +	+ 3
9 +	+ 10	2 +
2 +	1 +	+ 7
4 +	+ 3	0 +
0 +	5 +	+ 4
5 +	+ 0	1 +
8 +	4 +	+ 8

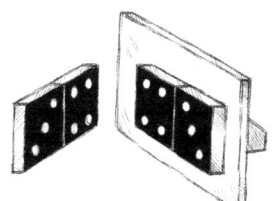

3 + 4 = 7
4 + 3 = 7

2 + 1 = __
1 + 2 = __

2 + 5 = __
5 + 2 = __

6 + 3 = __
3 + 6 = __

7 + 2 = __
2 + 7 = __

4 + 2 = __
2 + 4 = __

3 + 5 = __
5 + 3 = __

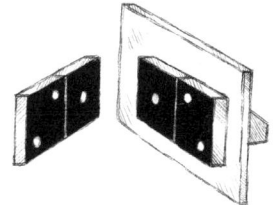

8 + 0 = __
0 + 8 = __

1 + 8 = __
__ + __ = __

7 + 3 = __
__ + __ = __

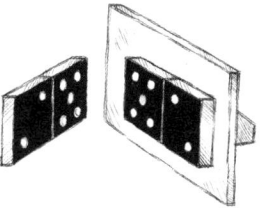

2 + 3 = __
__ + __ = __

2 + 6 = __
__ + __ = __

Rechne!

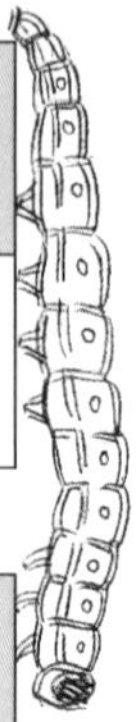

+	1	2	3	4	5
1	2	3			

+	3	5	1	4	2
2					

+	4	2	3	5	1
3					

+	1	3	5	2	4
4					

+	5	1	2	4	3
5					

Additionsaufgaben in Tabellenform

$4 + 3 = 7$

$2 + \boxed{} = 2$

$1 + \boxed{} = 1$

$0 + \boxed{} = 8$

$1 + \boxed{} = 9$

$5 + \boxed{} = 5$

$2 + \boxed{} = 3$

$2 + \boxed{} = 6$

$2 + \boxed{} = 7$

$3 + \boxed{} = 7$

$1 + \boxed{} = 7$

$4 + \boxed{} = 6$

$3 + \boxed{} = 5$

$2 + \boxed{} = 4$

$3 + \boxed{} = 6$

$1 + \boxed{} = 6$

$4 + \boxed{} = 10$

$2 + \boxed{} = 8$

$1 + \boxed{} = 8$

$2 + \boxed{} = 5$

$4 + \boxed{} = 5$

$1 + \boxed{} = 2$

$10 + \boxed{} = 10$

$3 + \boxed{} = 10$

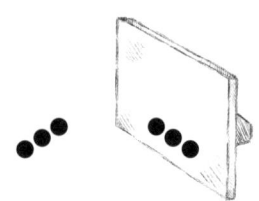

$\boxed{3}$ + $\boxed{3}$ = $\boxed{6}$

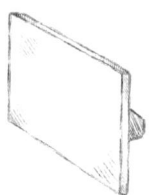

$\boxed{0}$ + $\boxed{}$ = $\boxed{}$

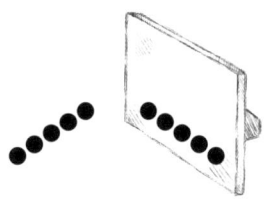

$\boxed{}$ + $\boxed{}$ = $\boxed{}$

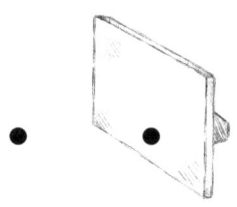

$\boxed{}$ + $\boxed{}$ = $\boxed{}$

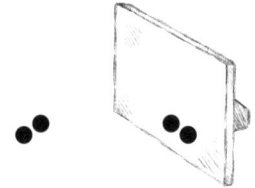

$\boxed{}$ + $\boxed{}$ = $\boxed{}$

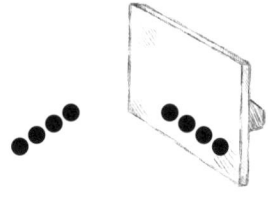

$\boxed{}$ + $\boxed{}$ = $\boxed{}$

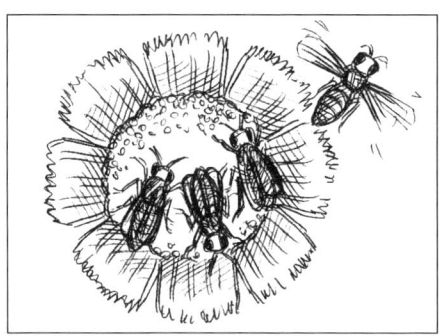

4 - 1 = 3

9 - ☐ = ☐

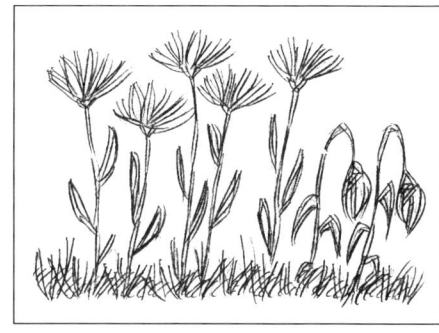

☐ - ☐ = ☐

☐ - ☐ = ☐

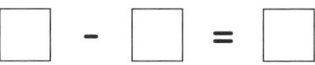

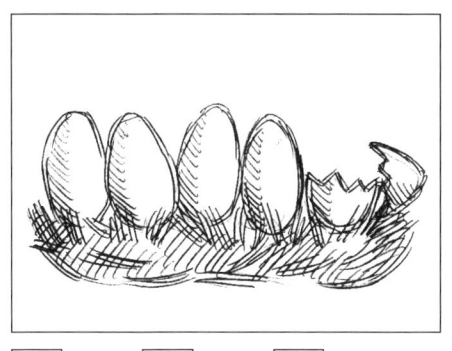

☐ - ☐ = ☐

☐ - ☐ = ☐

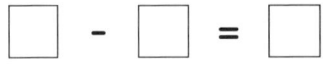

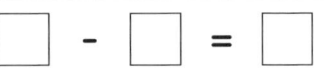

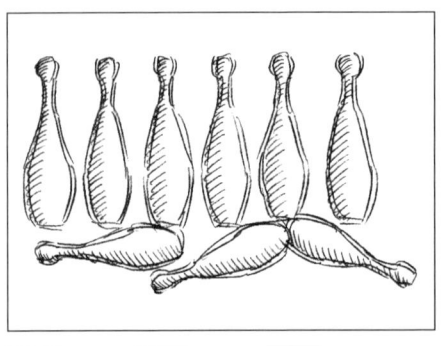

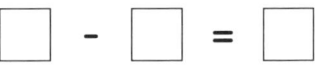

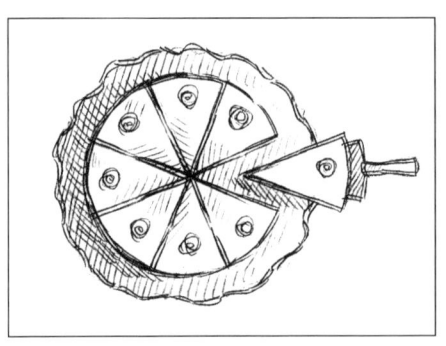

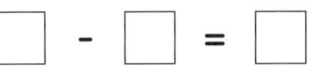

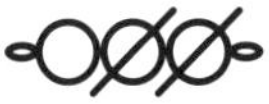

3 - 2 = 1

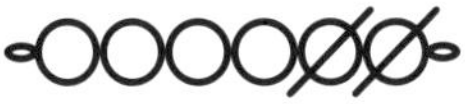

6 - ☐ = ☐

☐ - ☐ = ☐

☐ - ☐ = ☐

☐ - ☐ = ☐

☐ - ☐ = ☐

☐☐ - ☐ = ☐

☐ - ☐ = ☐

☐ - ☐ = ☐

☐ - ☐ = ☐

☐ - ☐ = ☐

☐ - ☐ = ☐

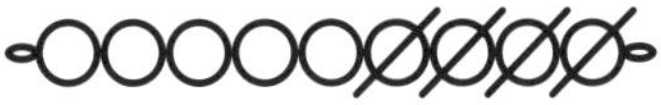

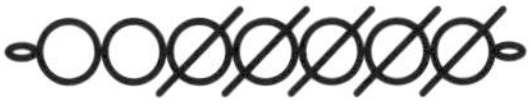

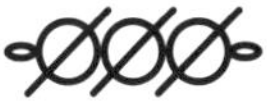

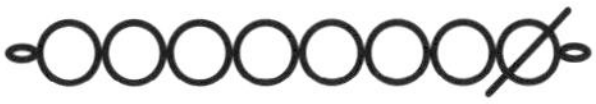

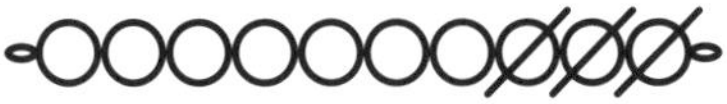

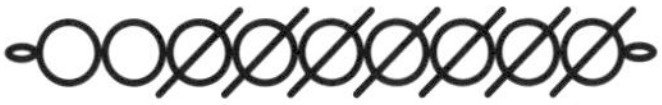

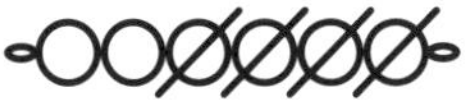

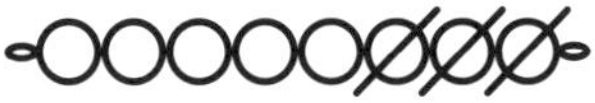

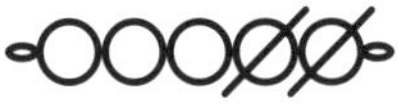

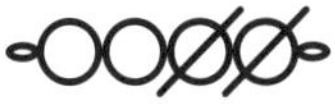

-oOOOOOo-

$6 - 1 = 5$

$6 - 2 = \square$

$6 - 3 = \square$

$6 - 4 = \square$

$6 - 5 = \square$

$6 - 6 = \square$

$6 - 0 = \square$

-oOOOOo-

$5 - 1 = \square$

$5 - 2 = \square$

$5 - 3 = \square$

$5 - 4 = \square$

$5 - 5 = \square$

$5 - 0 = \square$

-oOOOOOOOOOo-

$10 - 3 = \square$

$10 - 4 = \square$

$10 - 5 = \square$

$10 - 6 = \square$

$10 - 7 = \square$

$10 - 8 = \square$

$10 - 9 = \square$

$10 - 0 = \square$

1	2	3	4	5	6	7	8	9	10
11	12	13	14	15	16	17	18	19	20

1	2		4		6	7		9	10
11		13	14		16		18		20

1			4			7	8		
		13			16	17			20

			4	5				9	
		13				17			

1									
									20

| 11 | 12 | 13 |

| | | 19 |

| | | 13 |

| | 16 | |

| | 15 | |

| 18 | | |

| 14 | | |

| | 12 | |

| | 17 | |

| | | 20 |

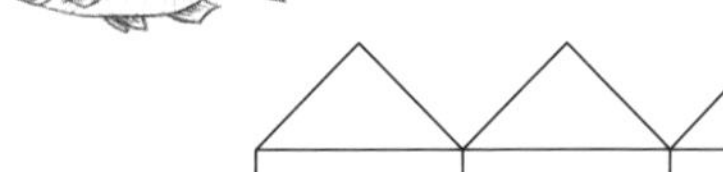

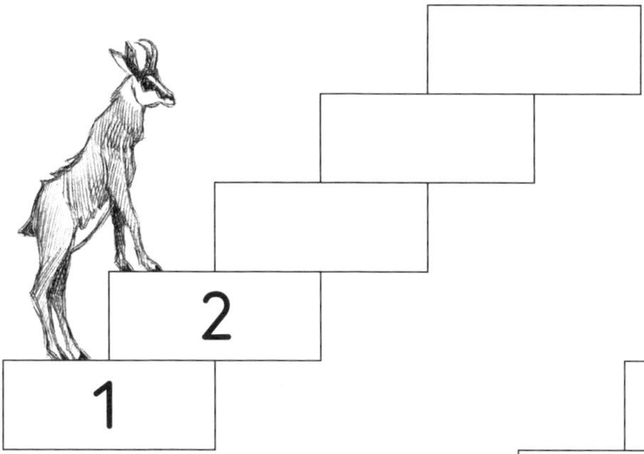

2

1

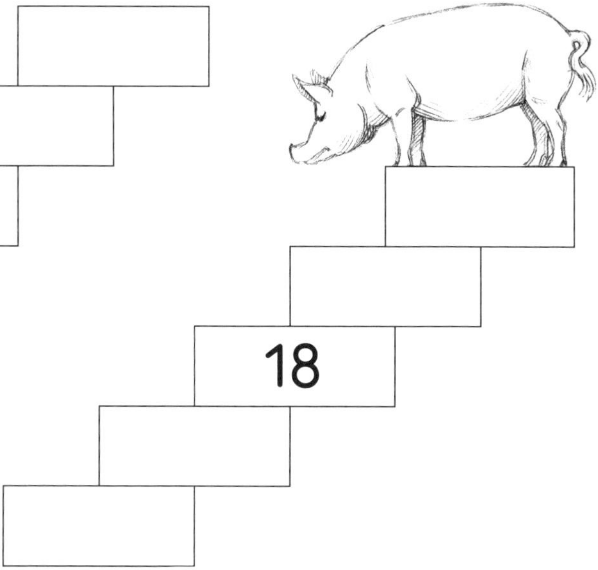

18

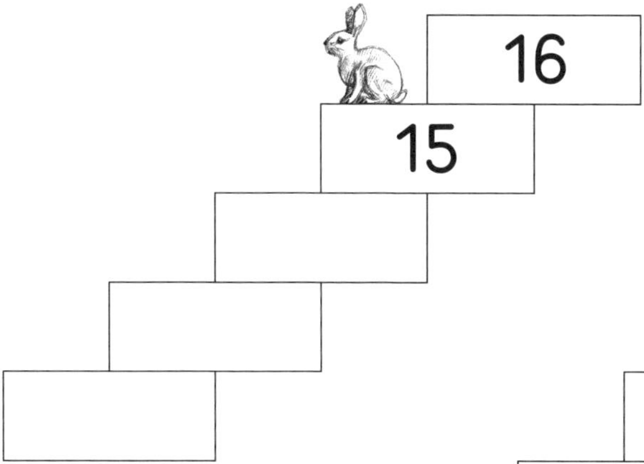

16

15

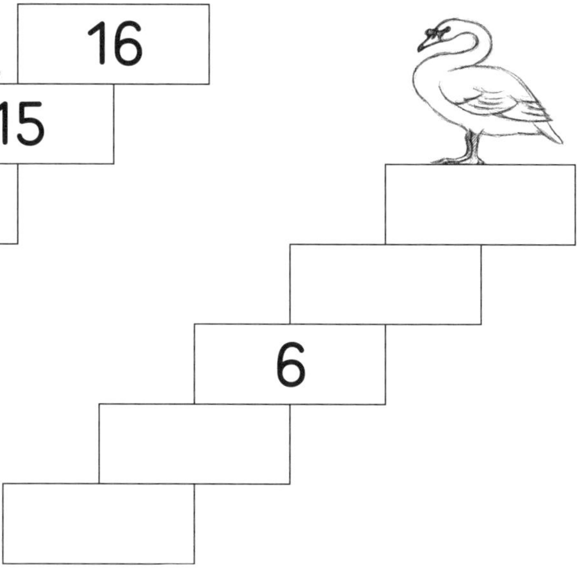

6

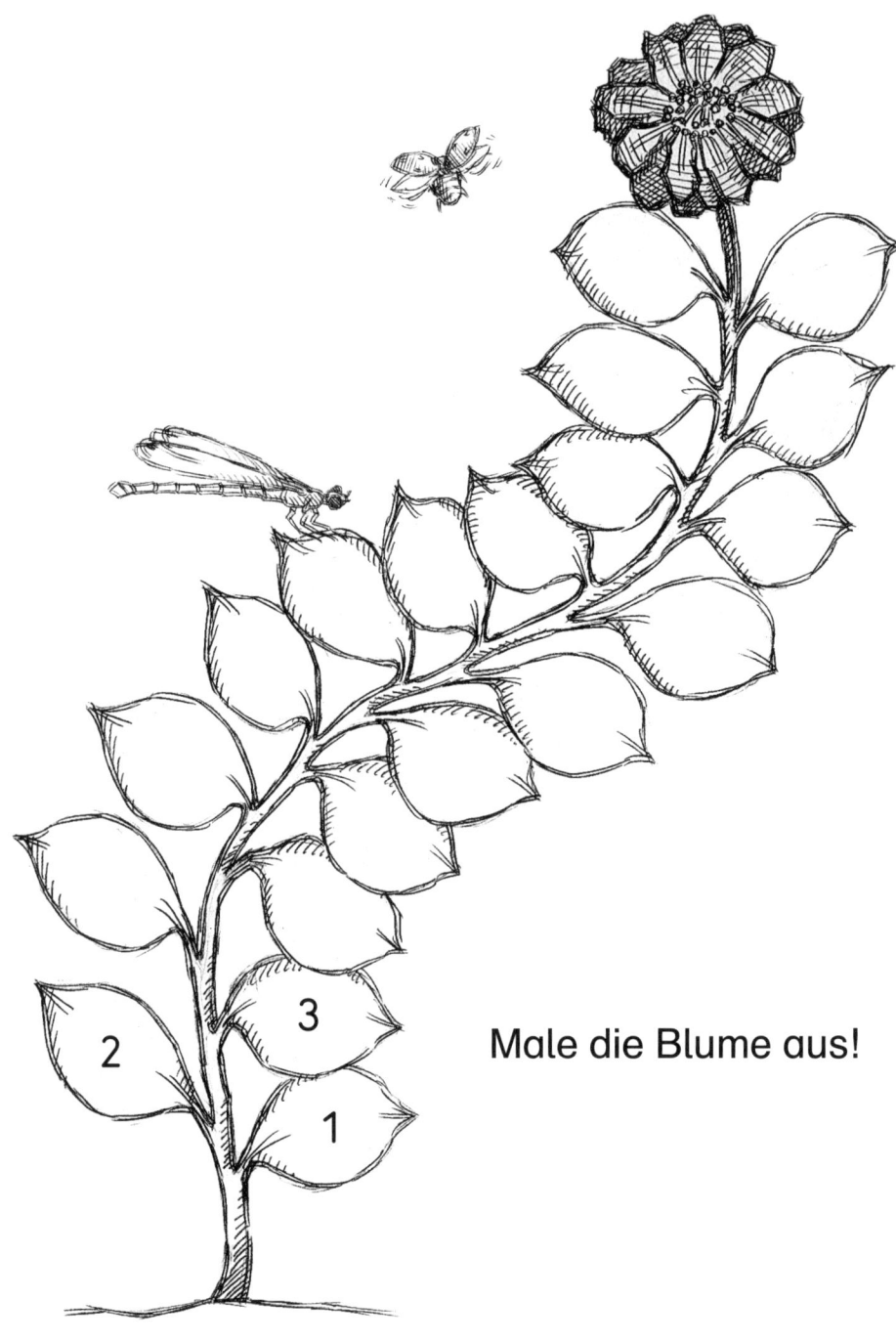

Male die Blume aus!

Die Zahlen von 1–20